AF475687

DES BUDGETS

DE

1832 ET 1833.

La question de la corvée n'est qu'un débat entre les pauvres et les riches. . . . . .
. . . .
La main bienfaisante de votre majesté doit sans cesse s'étendre sur les intérêts de la classe misérable, afin de tempérer autant qu'il est possible, le joug impérieux de la propriété et de la richesse.
(*Compte rendu de* 1781, p. 70.)

A PARIS,
A. PIHAN DELAFOREST,
IMPRIMEUR DE LA COUR DE CASSATION,
RUE DES NOYERS, N° 37.
1832.

La plus grande partie des frais de l'établissement social est destinée à défendre le riche, contre le pauvre ; car autrement, le premier ne tarderait pas à être dépouillé. Il est donc juste que le riche contribue, non-seulement en proportion de sa fortune, mais par de là même cette proportion, à soutenir un ordre qui lui est aussi avantageux : tout comme il est équitable de prendre plutôt sur son superflu, que sur le nécessaire du pauvre.............

La plupart des travaux publics, la plupart des frais de défense et de justice ont pour objet la propriété territoriale, plutôt que la mobilière : il est donc juste encore que le propriétaire de terre, soit dans la proportion plus taxé que les autres..............................

Les capitalistes sont encore plus exposés à l'envie du pauvre, que les propriétaires fonciers. Pour faire valoir leur fortune ils sont toujours en lutte avec les pauvres qu'ils font travailler : leur industrie ne pourrait se maintenir si le gouvernement ne donnait un puissant appui à celui qui a, contre celui qui n'a pas..................

Les propriétaires doivent donc contribuer en sus de la proportion de leur revenu, pour acquitter les dépenses faites en leur faveur : et les capitalistes sont aussi tenus à contribuer au-delà de cette proportion, pour soutenir un gouvernement auquel ils doivent leur existence même. (*Nouveaux principes d'économie politique*, par M. de Sismondi ; Tome II, p. 155.)

« Nous ne croyons pas pouvoir proposer pour 1832 de modifications dans nos impôts.

« Ce n'est pas que nous regardions notre système d'impôts comme à l'abri de toute critique, et comme n'étant pas susceptible de recevoir d'utiles perfectionnemens. Mais l'année, Messieurs, est déja fort avancée; toute discussion sur des changemens dans l'assiette des contributions entraînerait de longs délais, et empêcherait le vote du budget en temps utile. Le moindre retard nous condamnerait encore à subir, en 1832, le fâcheux régime des douzièmes provisoires.....

« Les questions qui s'élèvent au sujet de nos différens impôts ne peuvent être traitées avec fruit que pour 1833; débattues à l'occasion de 1832, elles en arrêteraient le jeu régulier pour les premiers mois de l'année, en nous rejetant dans toutes les difficultés du provisoire. »

(*Ministre des finances*, 19 août 1831.)

Certes, rien de plus faux, à l'époque du 19 août 1831 : car en laissant de côté le débat des dépenses, et passant aussitôt à l'œuvre des subsides, il était possible d'effectuer le remaniement de l'impôt, avant janvier 1832.

En tout cas, au sujet des contributions indirectes surtout, il n'y avait nul inconvénient à ne faire opérer le changement, que du 1er avril ou même du 1er juillet.

D'autant qu'en face de cet important travail, ce n'est pas chose à peser aucunement, que le risque de subir le fâcheux régime des douzièmes provisoires, et d'arrêter le jeu régulier des différens impôts.

Deux points jetés en avant et présentés à l'appui des desseins ministériels, comme en façon d'épouvantail.

Certes, rien de plus vrai, en avril 1832 : car les changemens ne pourraient guère être opérés que pour le dernier trimestre ou même pour l'année 1833; et de plus l'état des esprits, au dedans comme au dehors de la chambre, se refuse à toute discussion rationnelle.

Le ministre avait tort au moment; il a raison à présent.

En parlant il lui venait, ce semble, quelque pressentiment de l'aide qu'allait lui porter le retard le plus officieux.

Cependant, ce retard bien loin d'annuler ses promesses éclatantes, amène le jour destiné à leur accomplissement.

« Nous ne proposons pas pour 1832, de modifications dans nos impôts...... la question des impôts ne peut être traitée avec fruit, que pour 1833. »

C'est fort bien dit : et c'eût été fort bien fait, de présenter en janvier 1832, le projet de budget de 1833, de même qu'en août 1831, les projets de 1831 et 1832, ont été présentés.

En agissant autrement, on s'exposait sans le vouloir, à être contraint de dire en 1832, comme en 1831 : l'année est déja fort avancée....... toute discussion entraînerait de longs délais.

De façon qu'en continuant une telle marche, de 1832 à 1833, et puis d'année en année, il eût fallu se résigner à ne jamais traiter avec fruit la question des impôts, à ne pas y apporter d'utiles perfectionnemens.

Non on ne le voulait pas : même on ne le veut pas encore.

Le sort, le hasard, la fatalité ou tout ce qu'il plaira, est seul coupable : le pouvoir s'en lave les mains.

Mais au moins, faut-il entendre que si on n'a pas opéré, on n'a pas empêché non plus; et qu'en n'empêchant pas encore, il s'opérerait toujours de même.

La chambre a donc à intervenir, à s'entremettre, afin que la France ne reste pas le jouet du sort, la victime du hasard, la proie de la fatalité.

Il s'agit à la fois du budget de 1832 et du budget de 1833.

L'un qui par force majeure passe de l'état de projet à celui de décret : l'année étant mangée d'avance.

L'autre qui de peur des chances contraires, doit être à l'instant mis en état de projet, pour passer à temps à celui de décret.

Quant au budget de 1832, qu'on fasse main basse sur tous les amendemens proposés par la commission.

Le temps manque, et pour les discuter avec succès, et pour les appliquer avec profit.

Rien de mieux sans doute, que l'amélioration des patentes, et la taxation des charges aliénées, et l'élévation des tarifs de mutation, et l'augmentation des droits sur les cotons, sur les sucres.

C'est à revoir pour 1833 : sans y comprendre l'illibérale taxe sur les sucres indigènes.

Rien de mieux surtout, que la limitation en fait des portes et fenêtres, et la diminution quant à l'impôt personnel, et les modifications de l'impôt mobilier.

C'est aussi à renvoyer en 1833 : non sans y joindre maint et maint autre changement.

A l'égard de ces diverses contributions, il y a seulement à ordonner leur perception conformément aux rôles de 1830 ; avec la restitution du trop perçu, dans les douzièmes provisoires.

On ne conçoit pas comment la loi, en même temps qu'elle abrogeait les trente centimes de l'impôt foncier, a laissé continuer l'exécution des rôles de 1831, sur ces contributions.

En sorte que définitivement en 1831, et provisoirement en 1832, tel et tel doit payer en impôt mobilier, au moins à Versailles, l'octuple de ce qu'il payait en 1830.

Et il sera remis, lors de la discussion sur le budget de 1833, à décider si le mode de quotité, ou le mode de répartition doivent être consacrés.

Comme aussi, si l'impôt mobilier n'est pas susceptible d'être fortement augmenté, à la décharge des deux autres.

Il sera remis à cette époque, d'examiner si l'impôt foncier ne peut être élevé de 30 centimes en principal, afin de remplacer la taxe du sel :

Ou de 20 centimes au même effet, dans le cas que la différence dût être fournie, soit par l'impôt mobilier, soit par toute autre voie.

Il y aurait peu de profit à altérer le mode des impôts pour les six mois de l'année qui restent à courir : tandis qu'il y a beaucoup d'avantage à traiter enfin à fond, à résoudre avec maturité et dans sa plénitude, le point du remaniement de l'impôt.

Mais les teneurs de livres, mais les groupeurs de chiffres vont s'insurger disant que l'Etat est perdu, si la balance annuelle des recettes et des dépenses n'est pas maintenue.

On peut leur répondre que cette balance n'existe déja plus, puisque sous l'intitulé de l'extraordinaire, l'an passé et cette année même se procurent 500 millions par l'emprunt ou par les ventes.

Il ne s'agit que d'un déficit de 20 à 25 millions, à classer sous le même titre, à ajouter à ladite somme.

Ici, vient à propos l'opinion décisive de M. Laffite, qui, s'élançant hors des ornières de la routine, et ouvrant les voies les plus précieuses, le premier a proclamé la haute vérité des temps.

« Je suis convaincu que le poids des impôts qui pèsent sur le peuple est intolérable, et qu'il faut faire tous ses efforts pour le diminuer......

« Quand nous serions deux ou trois ans dans l'impossibilité de faire face aux affaires ordinaires, sans écraser les contribuables; je crois qu'il y aurait raison et sagesse à s'adresser à l'emprunt....

« Si le peuple ne peut pas payer les 978 millions du budget, il faudra diminuer les taxes qui pèsent sur certaines classes, dans une proportion inégale.....

« Je ne m'inquiéterais pas d'une réduction de 40 ou 50 millions, s'il le faut : je ne serais pas arrêté par la crainte des embarras du trésor : quand même cette situation devrait durer plusieurs années.....

« Lors de la loi des recettes, vous verrez s'il faut diminuer tel impôt plutôt que tel autre; et si l'un porte sur les classes riches, tandis que l'autre pèse sur les classes pauvres. Mais ne cherchez pas à aligner vos recettes et vos dépenses : ce ne sera pas autre chose que 40 ou 50 millions à emprunter....

« Je finis par où j'ai commencé; et je dis qu'il faut nécessairement diminuer les impôts qui sont intolérables, qu'il faut soulager le présent, en mettant une charge légère sur l'avenir. (27 *janvier*).

Titre VI, art. 47. La loterie sera supprimée à partir du 1er janvier 1836. (Projet de la commission.)

Le précédent est établi : c'est tout en France.

La loterie est immorale : d'accord ; bien qu'il y ait à dire, qu'à son égard, la loi au moins n'impose pas, n'inflige pas.

La loterie est ruineuse : d'accord ; bien qu'il y ait à dire que les mises et les pertes appartiennent, aux deux tiers, à la ville de Paris.

La loterie s'éteint : encore mieux ; sauf qu'il suffisait de la laisser mourir de sa belle mort.

Or, n'existe-t-il point d'autre taxe dont l'immoralité réside dans la conception même de la loi :

Dont la charge tombe sur toute la France, et frappe surtout les classes, les contrées misérables :

Enfin qui ne s'éteint pas d'elle-même, qui ne sera jamais éteinte que par le *veto* de la loi.

Comme, par exemple, l'impôt du sel.

Le sel est la seule substance qui soit à la fois et productive et nutritive

Au titre de productive, l'impôt quintuple, et parfois décuple de la valeur vénale, l'interdit quant aux fumiers, quant aux bestiaux.

En sorte que le sel manque à réchauffer les engrès froids, à raviver les terres humides, à favoriser la culture des oliviers, etc., etc.

Que le sel se refuse à nourrir les produits en fait de fromages et de beurres, de laines et de peaux, de viandes fraîches et salées.

Au titre de nutritive, l'impôt en prohibe ou du moins en resserre l'emploi, dans le pain d'orge et de seigle, dans les bouillies de maïs et de blé noir, dans les patates et les châtaignes, dans les viandes salées surtout.

Jusqu'à ce point, si difficile à faire entendre aux gens de Paris, qu'un cochon acheté pour 6 ou 9 fr., et élevé sans aucuns frais, requiert au moins cent livres de sel au prix de 15 fr., qu'il n'y a moyen de débourser.

Et l'impôt frappe d'autant plus, en raison progressive de l'humidité du climat, de l'infériorité des terres, de la grossièreté des subsistances, de la pauvreté des paysans, de la quantité des enfans.

Justement que les moyens allant en diminuant dans le même rapport, que les besoins vont en augmentant.

De telle façon que pour les deux tiers de la France, qui ne mangent pas de pain de froment, et pour un tiers qui mange à peine du pain de seigle et d'orge, la charge est double d'abord, est triple ensuite.

Et l'impôt total ne rapporte au trésor que 56 millions nets.

Tandis que les risques du déchet, obligeant d'élever le prix à trois sous et demi et plus, au lieu de trois sous; il coûte au pays de 70 à 75 millions.

Sans dire qu'il lui enlève une masse de produits destinés à la vie ou à la vente, dont la privation équivaut au moins à la même somme. Il faut entendre M. Chaptal.

« Le sel est le premier besoin des animaux ruminans; il sert d'assaisonnement à leur insipide nourriture : il excite les forces de leurs estomacs débiles ; il prévient les obstructions et les engorgemens.

« Pendant le temps que le commerce du sel a été libre, l'agriculteur en étendait l'usage chaque année ; il le mêlait avec ses engrais pour les rendre plus actifs ; il le répandait au pied de ses arbres languissans ; il multipliait ses salaisons, et pour la vente, et pour sa nourriture.

« L'impôt sur le sel est une vraie calamité pour l'agriculture ; il a tari plusieurs sources de sa prospérité, et il lui coûte infiniment plus qu'il ne rapporte au trésor public.

« Ce n'est pas tout que d'établir un impôt, il faut en prévoir toutes les conséquences. Tel impôt qui produit 10 millions peut appauvrir la nation de plus de 50, et dès-lors, c'est un fléau pour tous. »

(*La Chimie appliquée à l'Agriculture*, 1829, tome I, pag. 307).

« Dans les questions de crédit et d'économie politique, qui sont soulevées, il y aurait de l'étoffe pour défrayer une session tout entière : et pourtant ce sera merveille, si la chambre y consacre huit jours, tant elle est pressée de s'en aller. » (*Journal du Commerce*, 10 avril.)

Eh! qu'elle n'y consacre pas, ou plutôt qu'elle n'y consume pas huit jours seulement.

Ce serait peu de temps perdu; mais beaucoup de peines perdues, et plus encore de chances perdues.

Ce qui ne sert, nuit. Que sert le débat, s'il ne mène au décret? rien qu'à faire du bruit, de l'éclat.

On ne peut agir; on ne doit parler.

Ici, ce n'est pas une vaine thèse, comme sur les bancs de l'école; où les argumens sont lancés et renvoyés, jetant de la gloire, dit-on, à l'usage du vainqueur.

C'est le problème de vie ou de mort; aujourd'hui pour qui travaille et languit, demain peut-être, pour qui possède et jouit;

Et le traiter en l'air, puis le laisser à l'écart, enfin le reprendre sous œuvre, déroute les idées, détourne les voies, ferme toute issue.

La question est de l'ordre le plus transcendant : il faut que la discussion soit de même, ou ne soit pas du tout.

Ainsi, le budget de 1832, ne comporte qu'une seule ligne : l'impôt du sel sera supprimé, à partir du 1 janvier 1833.

Au plus, il y a moyen de tolérer pour amendement, que la suppression ne date que du 1 avril 1833.

Voilà le premier pas à faire dans les voies de la justice, de la prudence : par la raison qu'il est à la fois et le plus utile et le plus facile.

L'opinion est unanime, est immémoriale.

« Je n'ai pu m'occuper des moyens de fonder le bonheur des peuples, sans fixer mon attention sur les droits de gabelle. Un cri universel s'élève contre cet impôt. » (*Compte rendu de 1781*, p. 82.)

« Nous ne parlons pas de la conversion de la gabelle en un autre impôt, et du reculement des traités. L'un et l'autre objet ne sont pas perdus de vue, et le dernier doit avoir incessamment son effet. (*Compte rendu de 1788*, p. 19.)

« La gabelle est jugée. Son régime est décidé de nature si défectueuse, qu'il n'est pas susceptible de réforme : voilà ce que les notables, assemblés en 1787, ont arrêté, et ce qu'on ne cesse de répéter. (*Des impositions et droits*, par M. Moreau de Beaumont, président du comité contentieux des finances, tom. V, p. 293.)

Or qu'on ne vienne pas dire : c'était la gabelle; c'était le monopole.

Le monopole en général, n'importe aucunement aux consommateurs, sauf à l'égard de la hausse du prix.

Le monopole dans ce cas spécial, était compensé en sa rigueur par l'attention de ne livrer que des sels purs, des sels de deux ans, des sels en pain. (*Idem*, tome II.)

Tandis qu'à présent, la police ne sait pas empêcher les mélanges avec toute sorte de substances.

Il y a plus. Mettant à part les mots et prenant la France en grand, l'impôt de 1788 excédait à peine celui de 1832.

En 1788, les grandes et petites gabelles, et les gabelles locales ne montaient qu'à 58 millions.

En 1832, le produit net de la taxe s'élève à 56 ou 58 millions; sans parler du prix de bail de la mine.

Si les frais de la gabelle étaient plus élevés, en retour les fisques du déchet élèvent maintenant le prix du débit.

Au total, alors et maintenant, la charge peut s'évaluer de 70 à 75 millions.

Sans doute il y a à dire, qu'elle était supportée par 24 millions d'hommes seulement, au lieu qu'elle est répartie entre 32 millions.

Comme aussi il y a à répondre :

En premier lieu, que par une faveur du sort, tout l'ouest, de Cherbourg à Toulouse; et le centre jusqu'à Clermont; et l'est depuis Lyon jusqu'à Dunkerque, ne payaient le sel qu'au prix marchand ou tout au plus avec trois ou quatre francs de droits par quintal. (Voyez la *Carte des gabelles : Compte rendu de 1781.*)

Lesquelles contrées sont justement celles, où la nourriture, la pâture, la culture, en commandent l'usage au plus haut degré.

En second lieu, que sous le rapport nutritif, la sorte de subsistances, n'ayant pas changé, exige autant de sels ; et que sous le rapport productif, l'art agricole étant plus avancé, emploierait beaucoup plus de sels.

Tellement qu'en somme, les pays de grandes et petites gabelles, sont moins gênés quant à la nourriture, et plus gênés quant à la culture.

Tandis que les provinces réputées étrangères ou redîmées, étaient alors libérées de tous droits, et maintenant sont écrasées à l'un et l'autre égard.

A l'appui de quoi, on peut citer les plaintes et les suppliques de 35 départemens avant la révolution, de 28 départemens depuis cette époque.

De là, l'impôt du sel se tient au plus haut rang et vient avant tout autre réclamer son abolition : laquelle ouvrirait la voie qui n'est pas encore frayée, du système de la libération de la misère, et du dégrèvement de la malaisance.

Car cet acte, éminent d'équité, n'est sollicité qu'à titre d'à-compte sur les actes de même nature, qu'en sorte de paiement à valoir sur l'acquit de la dette sociale.

Certes, l'impôt qui porte partout, l'impôt qui pèse le plus, l'impôt qui charge à contre-sens, qui frappe en double raison de l'exigeance des besoins, et de l'indigence des moyens, devait disparaître le premier.

Faudra-t-il que la leçon soit faite au siècle économique, au siècle philantropique de 1832, par un financier du temps de la régence, par un premier commis du fameux Desmaretz.

« Sans doute, celui qui a proposé à Philippe-le-Long, dans un temps de besoin, de se faire payer deux deniers par minot de sels, n'a pas été regardé comme un homme qui voulut ôter à tous les autres, la partie la plus nécessaire de leur subsistance particulière, ainsi que de la croissance des bestiaux et de la culture des terres...

« Tout paie : et pour peu qu'on réfléchisse sur les droits établis, on ne pourra s'empêcher de convenir que leurs auteurs ont voulu, pour ainsi dire, punir la nature des dons qu'elle nous a faits, en les diminuant par les droits qu'ils ont mis sur tous ses produits ; et qu'ils ont risqué de rendre la terre inculte, en fatiguant par différens impôts, ces malheureux, qui épargnent aux autres hommes, la peine de labourer, de semer, et de recueillir. » (*Comptes rendus de l'administration des finances*, par M. Mallet, premier commis des finances, sous M. Desmaretz, page 24.)

DE L'IMPRIMERIE D'A. PIHAN DELAFOREST,
rue des Noyers, n° 37.